Eusebius van den Boom

TEXTGEWITTER

Gedichte aus dem Hinterhalt

gewidmet all jenen, die es angeht

ISBN 978-3-7412-0716-7
Herstellung und Verlag: BoD - Books on Demand, Norderstedt
Copyright © 2016 by Uwe Kurz
vdboom@pittoresco.de; www.steampunk-archiv.de
Umschlaggrafik: Balloon-painting „Unwetter" © by Uwe Kurz
Texte: © by Uwe Kurz
Grafiken: clker.com – free cliparts
Satz: Uwe Kurz
Copyright © Autorenfoto by Atelier Et Lux

Alle Rechte vorbehalten.
Kein Teil dieses Buches darf in irgendeiner Form (auch auszugsweise)
ohne die schriftliche Genehmigung des Autors reproduziert,
vervielfältigt oder verbreitet werden.

Anstelle eines Vorwortes

das Schauspiel beginnt
verstummte Vögel erwarten bereits
den Beginn der Vorstellung
verblassende Farben im Zwielicht
feuchtwarm aufgeladen die Luft
gleißende Blitze am Himmel
versehen dessen Antlitz
mit unheimlichen Bemalungen
die Natur auf dem Kriegspfad
schon hört man das erste Grollen
die fahlen Reste des Tageslichtes
bedrohlich verdeckend
türmt sich Wolke auf Wolke
behäbig platschen erste Tropfen
auf eine ausgedörrte Welt
unversehens öffnen sich die Schleusen
die Gewalten toben
nur ein Narr bleibt furchtlos
angesichts des Weltuntergangs
ebenso schnell wie er kam
ist er auch schon vorbei
letztes Tropfen von den Blättern
die Natur leckt ihre Wunden
eine Amsel gibt den Einsatz
für die Fortsetzung des Konzerts
erleichtert atme ich tief
die reine frische Luft ein

ALBTRAUMWIESE

ich laufe in Kindsgestalt
barfuß fröhlich und unbeschwert
- *wie lange ist das her?* -
durch das hohe Gras
einer saftgrünen Wiese
und noch im Laufen spüre ich
- *ein seltsames Gefühl* -
plötzlich einen Schmerz
ich senke meinen Blick
jeder einzelne Grashalm verwandelt
- *wie kann das sein?* -
unzählige glänzendscharfe Klingen
die sich mit jedem Schritt gierig
in meine blutüberströmten
Füße bohren
- *warum wache ich nicht auf?* -
die Wiese reicht bis zum Horizont

Das Ziel

da
endlich
hinter dichtem Nebel
ein silberstreifiger Horizont
vorwärts
durch Steppe und Wüste
über Eis und Geröll
durch Morast und Dickicht
immer weiter
der Abstand verändert sich
nicht im Geringsten
aber du
dich

Der Läufer

zahllose Urkunden
an jeder Wand
des bescheidenen Zimmers
kein Platz mehr frei
die großen Vitrinen
zum Bersten gefüllt
mit Pokalen und Medaillen
Laufen war sein Leben
dafür hat er trainiert
dafür hat er verzichtet
dafür hat er gekämpft
in London Berlin und New York
die Zeit die Mühe die Qual
kaum noch vage Erinnerungen
den Jubel des Sieges im Ziel
hat er schon längst vergessen
der Mann von Marathon
brach am Ende tot zusammen
er jedoch fragt ängstlich verstört
jeden der ihm begegnet
stets nur das Eine
„Wo ist die Toilette?"

Aufbruch

erdrückend die beredte Stille
über der schimmernden Ebene
in Fetzen gerissene Schleier
ziehen farbwechselnd vorbei
lassen dahinter Fahlheit erahnen
mit kaltem Auge blickst du
regungslos in die Ferne
ausgeträumt ist jeder Traum
das Herz zu Eis geronnen
die Lippen verschlossen
der Quell der Hoffnung
nun endgültig versiegt
noch einmal raffst du dich auf
die schwarzen Segel sind gesetzt

DANACH

je stärker mich
die Eiferer
jedwelchen Glaubens
mit einem Paradies locken
oder mir
mit einer Hölle drohen
umso tröstlicher
wird mir der Gedanke
an einen traumlosen
immerwährenden Schlaf
im tiefsten Nichts

Ausrangiert

unter Mühen
verlegt
eiserne Wege
unaufhörlich
vor sich hin rostend
noch immer
kilometerweit verlaufend
schon lange
bewegt sich hier nichts mehr
was den Glanz der Metallstränge
wieder
zum Vorschein brächte
Reminiszenz
an die gute alte Zeit
vermutlich jedoch eher
Sparmaßnahme

Die Organisation

Mäntel an Garderobenhaken
unscheinbar
jemand hat die Schuhe ausgezogen
unglaublich
die Tür wie immer verschlossen
bewacht
unten warten die Chauffeure
abrufbereit
wieder hat man sich getroffen
heimlich
untercinander kennt man sich
sowieso
Namen werden nicht genannt
niemals
einer hat Nachschub besorgt
endlich
Stimmen von draußen zu hören
leise
zwischen all dem Lachen
widerwärtig
auch hilfloses Wimmern
ausgeliefert

Blinder Fleck

sommergeblümt oder pelzvermummt
hitzegetränkt oder minusdurchfrostet
selbstverliebt und gedankenlos
posieren sie ununterbrochen
mit ausgestreckten Armen
kokett ihrem Selbst zugrinsend
vor Brunnen und Jugendstilvillen
in Botanischen Gärten und Parks
in Stadien und auf U-Bahnsteigen
während selben Moments
im ausgeblendeten Hintergrund
Menschen aus einer Laune heraus
zu Tode geprügelt werden

Freiheit

seit Jahrhunderten auf der Flucht
vor unbarmherzigen Häschern
entronnen deren gierigen Fängen
die Kapuze tief ins Gesicht gezogen
schleicht sie durch Straßen und Gassen
über öffentliche Plätze und Hinterhöfe
stets Deckung und Beistand suchend
ein Dorn im Auge der Mächtigen
gefangen geschlagen entkommen
wieder und wieder und wieder
inzwischen müde geworden und
letzte Kraftreserven aufzehrend
versucht sie denen zu entgehen
die sie Stückchen für Stückchen
aus fadenscheinigen Gründen
einsperren und in Ketten legen
beugen und verstümmeln
und auf dem Altären der Macht
opfern und sezieren wollen

Aktuelle Lage

wachsweiche Figurenkabinette
in die Enge getrieben
von entschlossenen spiegelbewehrten
blasphemischen Blasorchestern
geraten ins Straucheln
mühsame Versuche
die Form sorgfältig errichteter
janusköpfiger Beliebigkeit
aufrechtzuerhalten
können nur fehlschlagen
im Angesicht der Tatsache
der Nichtexistenz
jeglichen Spiegelbildes
für die unbedarften Claqueure
spielt dies keine Rolle

Die Krankheit

sinnentleert
kreisen sich auflösende Wortfetzen
durch die spinnverwebten Gewölbe
des leerlaufenden Geistes
suchen sich
zu sammeln
zu verständigen
zu ordnen
wiederzufinden
was für immer
verloren scheint
doch nichts
verfängt sich
trotz zahlreich ausgelegter Köder
in den aufgestellten Fallen

Existentielle Frage

bin ich es wert
fragt das Schaf
wieder und wieder
brav
und bieder
bin ich es wert
und entweder
bemüht sich jeder
zu versichern
dass es so sei
oder es ist
letzten Endes
ohnehin
einerlei

Ars Poetica

Reimgewitter drohen in der Ferne
schon sieht man der Geistesblitze Schein
denn so mancher möchte - ach so – gerne
goethegleich ein großer Dichter sein

Dunkel ziehn herauf Gedankenwolken
Tief- und Trübsinn ballen sich mit Macht
mühsam wird´s dem trüben Hirn entmolken
holprig schon der Reimedonner kracht

Nun entlädt in schauernd wildem Beben
sich ein neuer kühner Worterguss
die Durchnässten warten ganz ergeben
triefend auf den nächsten Musenkuss

Hommage oder
Der Musenkuss

in gutem Glauben
und ebensolcher Absicht
schwebt Musengöttin K.
in die gute Stube
des Buchhalters Erwin P. aus D.
der gerade sein
sonntagnachmittägliches
Schläfchen auf dem Sofa hält
und haucht ihm
einen Traum ins Ohr:

auf dem Kunstmarkt
verstört ihn merklich
der wiederholte Verkauf
eines unsichtbaren Werkes
mit dem bedeutungsvollen Titel
„Aus dem Giraffenfeuer geborgener
und unter Schutzatmosphäre
verpackter weicher Schatten
eines surrealen Horizontes
bereit zum Anschnitt
durch eine halluzinogene Madonna
während des letzten
atomaren Abendmahls"
an einen Träumenden

unter dem Einfluss
sich auflösender Beständigkeit
offenbarte ein vager Blick
auf seine weiche Erinnerung
erst beim Verlassen des
Konzils von Perpignan
lediglich die ersten Tage
eines anthropomorphen Frühlings
mit meditativen Schubladen

der verstörende Traum
des inzwischen erwachten und
ausgeschlafenen Buchhalters
ist schnell vergessen
und bleibt folgenlos
ja, der Salvador D. aus F.
der hätte etwas daraus gemacht
ganz bestimmt
Erwin P. aus D. indessen
brüht sich einen Kaffee auf

Im Schatten

Taschenspielertricks
der Schattenkrieger
die im Dunkeln sieht man nicht
wie jeder weiß
dort war stets gut munkeln
heiß macht das keinen mehr
Mackie mit den vielen Namen
das rasiermesserscharfe Haifischgrinsen
versteckt hinter unzähligen Masken
weint in der Öffentlichkeit
Krokodilstränen
während er allzeit bereit
sein Messer
aufs Schärfste gewetzt
für Tranchen
ganz anderer Art
benutzt

BESORGNIS

glaubt nicht denen
die mit falscher Zunge
euch predigen
euch locken
euch irreführen
euch trunken machen
gar zu oft schon
brachen Dämme
ausgehöhlt und zersetzt
von nagenden Parolen
zurück blieben einzig
Unrat und Schmutz
auf verseuchtem Boden
verwüstet ein ganzes Land
durch Worte
glaubt ihnen nicht

Lasst mich

lasst mich
ich mag nicht mehr
zu oft
zu wenig
zu selten
zu viel
lasst mich

lasst mich
ich will nicht mehr
viel zu oft
viel zu wenig
viel zu selten
viel zu viel
lasst mich

lasst mich
ich kann nicht mehr
immer
nichts
nie
alles
lasst mich

lasst!
mich!

JETZT MAL ERNSTHAFT!

ob
einsamer Rufer in der Wüste
oder
Fool on the Hill
ob
ante portas
oder
post mortem
das Was Wann Wie und Wo
spielt ohnehin nur
eine untergeordnete Rolle
angesichts
des ausstehenden Eingeständnisses
eines Warum

FORT

abhanden gekommen
im Nebel vager Erinnerungen
an Kampf und Verlust
an Trauer und Schmerz
an Wut und Enttäuschung
an Verzweiflung und Qual
verschüttet unter dem Geröll
von Habgier und Verlangen
von Macht und Zwang
von Abhängigkeit und Schwäche
von Ungeduld und Getriebensein
das Wissen
um das innere
niemals verlöschende Licht
wahren Menschseins

Kein Entrinnen

ich bin das Sandkorn
in deinem Auge
wenn du glaubst
klar zu sehen
ich bin der Splitter
in deinem Finger
wenn du glaubst
zupacken zu können
ich bin die Spelze
zwischen deinen Zähnen
wenn du glaubst
zuschnappen zu müssen
ich bin der Gedanke
in deinem Kopf
wenn du glaubst
dich zu konzentrieren
ich bin die Zukunft
wenn du glaubst
deine Vergangenheit
vergessen zu können
ich werde noch immer da sein
wenn du glaubst
mir längst entkommen zu sein

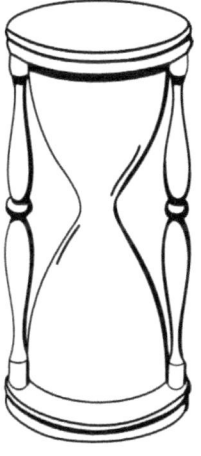

Ich kann das nicht

ich kann das nicht
ich kann das nicht tun
ich kann das nicht fassen
ich kann das nicht ändern
ich kann das nicht steuern
ich kann das nicht glauben
ich kann das nicht mehr ab
ich kann das nicht zulassen
ich kann das nicht einsehen
ich kann das nicht bezahlen
ich kann das nicht abstellen
ich kann das nicht verstehen
ich kann das nicht ausstehen
ich kann das nicht gutheißen
ich kann das nicht vergessen
ich kann das nicht mehr hören
ich kann das nicht entscheiden
ich kann das nicht beeinflussen
ich kann das nicht kontrollieren
ich kann das nicht mehr ertragen
ich kann das nicht nachvollziehen
ich kann das nicht mehr aushalten
ich kann das nicht länger mit ansehen
ich kann das nicht mehr verantworten
ich kann das nicht mehr länger machen
ich kann das alles nicht mehr

Morgens

ohne Charme noch bettwarm
übermächtig übernächtigt
verwittert zerknittert
jeden Morgen bei Tagesbeginn
nimmst du klaglos hin
wie dein Spiegel dich hier
ungerührt überführt
dir die Wahrheit in Klarheit
unbedingt ungeschminkt
gräulich abscheulich
schleudert bei Licht ins Gesicht
nur gut dass die Brille deine feine
nicht jederzeit griffbereit
ist irgendwo auf dem Klo
sondern gern fern
auf dem Schreibtisch
einer Halbblinden zu finden

LORELEY

völlig entzaubert
nackt und kalt
steht sitzt liegt sie da
in lasziver Pose
scheinbar zu allem bereit
starr lächelt ihr totes Gesicht
um dir
solltest du dich nähern
den Atem zu rauben
um dir
solltest du dich nicht abwenden
ihren Anblick ins Hirn zu brennen
um dir
solltest du ihr verfallen
dein Herz herauszureißen
um es
deiner bereits überdrüssig
noch schlagend
auf die anderen fallen zu lassen

ERWACHEN

langsam entsamtet sich die Nacht
während sich allmählich die Sterne
in Transparenz verlieren
lauert reglostief verborgen
in nebeldunstigen Falten
der schreckensschauerliche Albtraum
eines zurückkehrenden Bewusstseins
dem der Weg in die scheintote Hülle
grundlos augenblicklang verwehrt wird
tickend sickern Gedankenfetzen
weniger als zusammenhanglos
von der strudelnden Oberfläche
Schicht für Schicht in die Tiefe
bis Wirklichkeit und Truggebilde
plötzlich und erbarmungslos von
grellend endgültiger Gewissheit
auseinander gerissen werden

REINKARNATION

Relikte
längst vergessener Neuigkeiten
begraben
in endlosen Bleiwüsten
stumm
in den Kokons brachliegender Worthülsen
wartend
auf den befreienden
Schwall
sich ins Unendliche
ergießender
Nichtigkeiten
um emporgespült zu werden
(endlich!)
zur Teilhabe an der tagtäglich zelebrierten
Wiederauferstehung
unzähliger nur unzureichend übertünchter
Allgemeinplätze

Die Räuber

in unstillbarer Gier
lauern sie geduldig
weben Beziehungen
verflechten geschickt
kaum erkennbar
äußerst effektiv
noch lose Enden zu
Fallen und Hängematten
unvorstellbaren Ausmaßes
an unsichtbaren Fäden
ahnungslose Beute
marionettengleiche Freiheit
in argloser Unbekümmertheit
von Phrasen sediert
bis zuletzt

TAGESGESCHÄFT

da hängen sie wieder
die Körper reglos erstarrt
die Köpfe abgeknickt
die Augen erloschen
einer neben dem anderen
aufgereiht baumeln sie
an behelfsmäßigen Holzgestellen
wie Perlen auf einer Schnur
von der Sonne ausgedörrt
die Haut inzwischen ledrig
erbarmungslos ist der Mensch
gegen die stumme Kreatur
und gegen Seinesgleichen

Gefangen im Augenblick

den Blick starr
fixiert auf einen Punkt
im endlosen Nichts
seltsam mechanisch
befeuchten Augenlider
frequenzreduziert
tränenglasigen Augenschein
endlos unbemerkter Stau
auf sämtlichen Sinnesautobahnen
die Zufahrten versperrt
durch unsichtbare Schranken
Feuerpause
im Netzwerk
Traumsüßchen auf Standby

Noch immer

unbarmherzig
lässt dich die tagtägliche
Ignoranz
menschlichen Denkens und Handelns
immer öfter
immer stärker
würgen
längst vergessen Geglaubtes
aus der unerschöpflich scheinenden
Kloake kollektiven Hasses
umnebelt dich
Tag für Tag
Stunde für Stunde
Atem raubend und
Verstand vergiftend
ernüchternd
manifestiert sich die Erkenntnis
dass die Krone der Schöpfung
seit Jahrtausenden
auf der Stelle tritt

ORIENTIERUNGSLOS

herumirren
heute hier morgen da
getrieben
von unsichtbaren Gezeitenwinden
in Serpentinen
geht es drunter und drüber
auf Sicht
stets nur bis zur nächsten Biegung
kein Umweg ist zu weit
kein Schicksalsberg zu hoch
Umleitung hier Sperrung da
selbst wenn man einen Kompass besäße
wüsste man ihn nicht zu benutzen
verzweifelt
sucht man einen Fixpunkt
„Sie befinden sich hier"
aber irgendein Clown
hat die Markierung entfernt
alles
wurde schon versucht
doch der rudimentären Karte
die man in die Wiege gelegt bekam
fehlt jegliche Richtungsangabe
die Verbindung zwischen den Punkten
entspricht niemals
auch nur annähernd einer Geraden
ein Navi für das Leben wäre mit Sicherheit
Marktlücke und Bestseller in einem
„Biegen Sie links ab dann fahren Sie geradeaus
Sie haben Ihr Ziel erreicht"

Ungeniert

jeden Tag
aufs Neue
strauchle ich
über meine Menschlichkeit
vor allem aber
über das gänzliche Fehlen derselben
bei so vielen anderen
die dies
zu allem Überdruss
auch noch
öffentlich
zur Schau stellen

VERWANDLUNG

voll
Erwartung
entlocke ich dir
der Holzgeschnitzten
die frühlingszarten Töne
einer wehmütigen Melodie
welche nicht allein mein Haus erfüllen
sondern sich sogleich nach überallhin ausbreiten
um einen jeden Menschen in seinem Innersten zu
rühren
die Frage lautet nicht ob dies gelingen wird sondern
lediglich wann

Bloss eine Nummer

bloß eine Nummer
ein Aktenzeichen nur
ein ganzes Leben verblasst
auf ein paar wenigen Seiten
zerknitterten vergilbten Papiers
erfasst und behördlich dokumentiert
durch Unterschriften und Stempel
für die Nachwelt legitimiert
abgeheftet
in einem grauen Ordner
wie tausend andere
abgelegt
in den Archiven
der Inhumanität
Eingegangen am _____

LEBENSLÜGE

du weißt
woher du kommst
du weißt
wohin du gehst
und über alles andere
dazwischen
bist du dir
selbstverständlich
genauso sicher

WARUM?

warum nur bleibt
Tag für Tag
so vieles
Gesagte
Gesehene
Gehörte
Gemerkte
Gedachte
Getane
leider
absolut folgenlos

STILLGESTANDEN!

in Reih und Glied
steht sie da
die Garde von Veteranen
standhaft und fest
sauber ausgerichtet
da und dort klafft eine Lücke
keiner rührt sich
erst ein frischer Wind
bringt etwas Bewegung
in die Reihen der Aufrechten
noch weiß keiner von ihnen
dass der nächste Tag
unweigerlich
den Tod mit sich bringen wird
man benötigt Platz zum Rasen

Ohne Worte

schwarzölig gegerbt
riesig und rau
schartig die kurzen Nägel
mit den Trauerrändern
stumm legt sich
sanft
ein hartes Arbeitsleben
verständnisvoll
auf die Schulter
wohlig
breitet sich Wärme aus
kein Wort ist nötig

VORBEI!

was gibt es zu sehen?
lasst mich vorbei!
lasst mich nach vorn!
widerwillig teilt sich
die aufgestaute Menge
sensationslüsterner Mitbürger
zum Äußersten gezwungen
nehme ich die Ellbogen zu Hilfe
um mir Bahn zu schaffen
bevor ich die Gaffer
auch nur berühre
zucken sie erschreckt zurück
vorn angekommen
am Geschehen
sehe ich
zutiefst verblüfft
mich auf der Straße liegen

der da, na klar!
sicher wieder ein Ausländer!
nein, nicht der Italiener!
bestimmt ein Albaner oder Marokkaner!
Maghreb? ja sicher!
wer sonst?
ach, doch nicht?
na, aber ganz sicher ein Schwarzer!
aber dunkelhäutig auf jeden Fall!
dann der Jude?
nee, nicht schon wieder, oder?
der Moslem, das sind doch alles
Islamisten und Halsabschneider!
der Türke, echt jetzt?
komm, der ist doch maximal integriert!
veräppeln kann ich mich alleine!
ach, doch kein Ausländer?
der mit dem verschlagenen Blick!
nein, nicht Papst Benedict!
aber wundern tät´s mich nicht!
aus der Nachbarschaft?
immer ganz unauffällig?
niemandem ist etwas aufgefallen?

wie, der Gärtner???

TRADITION

ein strafender Blick genügte
keine Widerworte
Widerstand schon gar nicht
Strafe muss sein
anderen hat es auch nicht geschadet
schon kurz darauf verinnerlicht
akzeptierte man
Abhängigkeit Manipulation Mentizid
Jahrzehnte später
unwiederbringlich zerbrochen
dämmert der zurückgebliebenen Seele
mikrotomisiert die Erkenntnis herauf
was hätte sein können
aber nicht so war
was hätte werden können
aber nicht so kam
Erkennen bedeutet nicht Verstehen
Verstehen bedeutet nicht Akzeptieren
Akzeptieren bedeutet nicht Vergeben
Gefangene
der eigenen Erziehung

WAS IST GEBLIEBEN?

was ist geblieben
von durchwachten Nächten und verschlafenen
Tagen
von Erlittenem und Verursachtem
vom Feuer im Herzen und kühlem Kopf
von unbändiger Wut und unendlicher Trauer
von Heimatgefühlen und unstillbarem Fernweh
von ausgelassener Freude und stillem Glück
von verdienten Siegen und ebensolchen Niederlagen
von Geburtstagstoasts und Grabreden
von Zusammengerafftem und Verprasstem
von Denkblockaden und hochfliegenden Ideen
von abgebrochenen Diäten und sinnloser Völlerei
von Himmel und Hölle
vom Gestern und Heute
sag
was ist geblieben

An einen alten Baum

soweit
ich zurückdenken kann
hast du
hier gestanden mein Freund
hast nichts
von der Welt gesehen
und doch
so viel

WAHRNEHMUNG

still verharrend
spitze ich die Ohren
genauso wie meine Katze es gerade tut
ich höre nichts
und widme mich wieder meinen Nichtigkeiten
die Katze lauscht noch immer

still verharrend
spähe ich in eine Ecke
genauso wie meine Katze es gerade tut
ich sehe nichts
und wende mich wieder meinen Belanglosigkeiten
zu
die Katze starrt noch immer

still verharrend
schnuppere ich ein wenig
genauso wie meine Katze es gerade tut
ich rieche nichts
und befasse mich wieder mit meinen
Alltäglichkeiten
die Katze flehmt noch immer

mir scheint eine ganze Menge zu entgehen

Liebe Liebe

wenn ich schriebe über Liebe
folgend diesem Herdentriebe
wären das nur Seitenhiebe
und zwar gar nicht liebe
auf die niedren Triebe

was zum Schluss verbliebe
wenn man´s miteinander triebe
dass man statt der holden Liebe
sich nur aneinander riebe
schrieb ich dies erhielt ich Hiebe

doch ich schreib nicht über Liebe
weil ich´s ohnehin versiebe

Die schon wieder

unbekümmert von jeglicher
Meinung der anderen
zerreißen sie achtlos
Konventionen wie Gewänder
derer sie überdrüssig wurden
einzig die Gier ständig Neues
in provozierender Manier
auf die Spitze zu treiben
erhält sie am Leben
während eine unheilige Meute
geifernder Schakale
sichtlich zufrieden damit
auf ihre Kosten zu kommen
die Überreste des Dargebotenen
nach dem Verschlingen
erneut hervorwürgt

WUNDEN

ein Herz
in die Baumrinde
eingeritzt
vor Dekaden
nur das
ist mir geblieben
Zeugen
waren einzig die Grillen
zirpend
im hohen Gras
und der laue
Sommerwind
als wir uns auf ewig
verschworen
gegen den Rest der Welt
tränennass
folgt mein Finger heute
zögernd
den narbigen Wülsten
die Buche
hat es klaglos überstanden

ANDERE ZEITEN

was waren das noch für Zeiten
als man ungestraft und problemlos
sein Sandkastengegenüber
zum Duell mit einer Schüppe herausfordern
und selbiges auch verlieren durfte
ohne dass sich sogleich
ein Erwachsener berufen fühlte
juristische Maßnahmen
bei Nichteinhaltung
der politischen Korrektheit
anzudrohen

Auf Halde

einer geht noch
komm hau raus
denen kannst du ja
alles verkaufen
merkt doch keiner
Hauptsache
das hört sich schön tiefsinnig an
verstehen
muss das eh niemand
oder Romantikkitsch
Liebe da stehen sie drauf
schwülstig geht immer
Herzeleid und Gefühlsduselei
schön dick draufschmieren
reimen
dass die Schwarte kracht
was nicht passt
wird passend gemacht
also
womit fang ich an
„Aus dem Herzen aus dem Sinn"
ja
das klingt schon mal gut
lass holpern Kumpel

NIEMALS

auf dem Rücken der Zeit
daherjagend
ständig auf sie einpeitschend
unbarmherzig
weiter höher schneller
vorwärts
in wilder Hast
besessen
treibst du sie voran
unentwegt
rollen ihre panischen Augen
trotzdem
drückst du ihr
erbarmungslos
die Sporen in die Seite
schaumtropfend
das weit geöffnete Maul
röchelnd
schnaufen die bebenden Nüstern
niemals
ist der Weg das Ziel

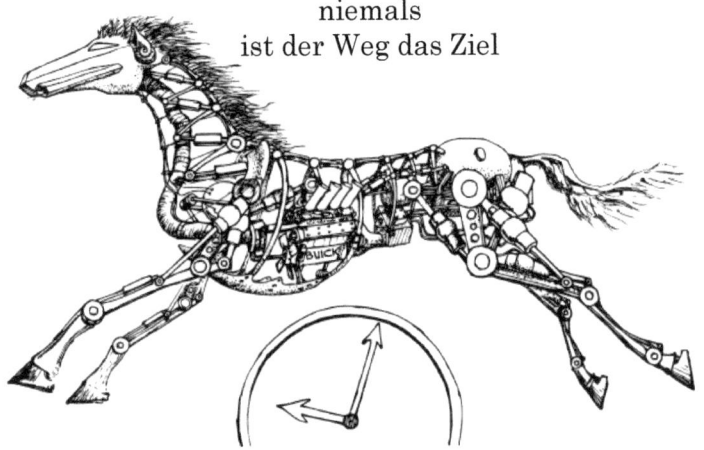

Die Kette

versonnen lächelnd
stehe ich dabei
wie kleine Kinder
sorglos versunken
in ihr beständiges Tun
mit bunter Kreide
Strichmännchen
auf dem warmen Asphalt
entstehen lassen
eines nach dem anderen
sich an den Händen fassend
quer über die Straße
auf die andere Seite
während Autofahrer
nicht nur völlig verblüfft
in großen Bögen
um sie herumfahren
sondern kurz darauf
anhalten und aussteigen
fasziniert betrachten sie
die stetig länger werdende
Strichmännchenkette
über den Radweg
den Fußweg entlang
hin zur nächsten Kreuzung
und darüber hinweg
immer weiter
immer länger
bevor sie endlich
selbst zur Kreide greifen

WER WEISS WIESO – WER WEISS WOHIN?

Pfeifen im Walde
dort wo die Drossel singt
hört man auch die Flöhe husten
kein schöner Land nach all der Zeit
auf Schusters abgelatschten Rappen
und die Jacke stets näher als die Hose
über Stock und Stein
auf auf zum fröhlichen Jagen
wer fällt in den Graben
atemlos
durch die Wälder und die Auen
ohne Bienenfleiß und Achselschweiß kein Preis

es geht eine dunkle Wolk herein
und dunkelt schon über der Heide
und genau da liegt des Pudels Kern begraben
(der bellt und beißt schon lange nicht mehr)
jeder Schuss ein Treffer
hier liegt auch der Hase im Pfeffer
Essen und Trinken hält Leib und Seele zusammen
und lässt Wams und Mieder platzen
doch was sollen wir essen sieben magere Jahre lang
wenn viele Köche den Brei verderben
Freude schöne Götterspeise
erst nach dem Fressen kommt die Moral der Apostel
nichts auf dem Kasten
und einen auf die Lampe gegossen
ab morgen woll´n wir mal wieder fasten

hab die Nacht geträumet
ich hätt einen Kameraden
doch lang lang ist´s her
ach Gott wem soll ich klagen
wie alle Jahre wieder
dass ich so traurig bin
heute ist die beste Zeit
geh aus mein Herz und suche Siegmund Freud
Es Es Es und Es es ist ein starker Tobak
ich ich lieg mir im Herzen und Über-Ich im Sinn
noch sind die Gedanken frei
und vom Wort zur Tat ist es ein weiter Weg
Ende gut alles gut
doch nur wenn´s lange währt

nun ade du mein lieb Vaterland
kannst gerne unruhig sein
jetzt fahr´n wir übern See
Reisende soll man nicht aufhalten
sonst bleibt alles beim Alten
werden die Letzten jemals die Ersten sein
während die Hoffnung zuletzt auch noch stirbt
die Zeit heilt keine Wunden
und vollbringt keine Wunder
hinterher ist man selten klüger
Klappe zu Affe tot

Zu früh

leichentuchgleich
umhüllt
Nebel jeden Laut
während
schon lauer Regen
beständig
dampfendes Erdreich
durchbohrt
noch ist es nicht Zeit
endgültig
das Einengende
abzustreifen

Alles wie immer

seifenblasenleicht
umrundet sie
den Feuerball
schillernde Farben
betören das Auge
des entfernten Betrachters
alles ist sicher
kein Anlass zur Sorge
vorhersehbar
in festgefahrener Routine
ewigkeitsbeständig
wie Seifenblasen
nun einmal sind

heute
jeder Tag
stets das Gleiche
durchbrich das tägliche Einerlei
jetzt!

aufwärts
sich emporheben
einem Ballon gleich
aller Fesseln endlich entledigt
Freiheit

WILLENLOS

lass es sein
sagten sie
und er ließ es
mach es so
sagten sie
und er tat es
glaube uns
sagten sie
und er vertraue darauf
gib es uns
sagten sie
und er überließ es ihnen
kämpfe für uns
sagten sie
und er starb

Wo?

wo sind sie nur
die Salomonischweisen
die Beherztzupackenden
die Uraltehrwürdigen
die Sprachverständnisvollen
die Erstehilfsbereiten
die Herzerfrischenden
die Tollpatschkühnen
die Alltagsabenteurer
die Sichzurückhaltenden
die Seelenverwandten
die Hartaberherzlichen
die Mitsichzufriedenen
die Nichtalleswiederkäuer
die Querfeldeindenkenden
die Gerechtigkeitsliebenden
die Sichnichtbeugenden
die Füranderereinstehenden
die Weichkernigen
die Mitternachtschwärmer
die Bewussthandelnden
die Nichtallesnachbeter
die Alltagsträumer
die Gutenratgeber
die Imlandestillen
die Stetsmitfühlenden
die Tagesbegrüßer
die Neuesschaffenden
die Gegendenstromschwimmenden
die Immermutigen
wo sind sie nur?

Eusebius van den Boom

ist das Pseudonym und Alter-Ego von Uwe Kurz, Jahrgang 1961. Der selbstständige akademische Sprachtherapeut aus Duisburg veröffentlichte u.a. „Stationen: Ein Lebenslauf", eine Sammlung von Steampunk-Kurzgeschichten, in der Edition Roter Drache. An einem weiteren Band mit neuen Geschichten arbeitet er bereits, während auch schon Ideen für einen Roman in seinem Kopf herumspuken. Daneben fällt auch immer wieder einmal das eine oder andere kleine Gedicht ab.